AF139799

Glückwünsche und Sprüche
für feierliche Anlässe

Bibliografische Information der Deutschen Nationalbibliothek:
Die Deutsche Nationalbibliothek verzeichnet diese Publikation
in der Deutschen Nationalbibliografie; detaillierte bibliografische
Daten sind im Internet über www.dnb.de abrufbar.

Deutsche Erstausgabe

© Mai 2014 Liane Spindler

Herstellung und Verlag:

BoD – Books on Demand, Norderstedt

ISBN: 9783735719638

Glückwünsche und Sprüche ...

Glückwünsche und Sprüche
zum Valentinstag

Zum Valentinstag, da wünsche ich mir,
viele Stunden nur mit dir.
Ich will immer bei dir sein.
Mit dir fühle ich mich nie allein.

Mit dir an meiner Seite
ist alles wunderschön,
die Welt ist rosarot,
die Zeit bleibt für mich stehen.

Die Liebe strahlt in meinem Inneren
und spiegelt sich in dir,
das Glück fließt sanft durch meine Adern,
hab Dank, mein Schatz, dafür.

Mein kleiner, lieber Engel,
du bist so wunderschön.
Den ganzen Tag, die ganze Nacht
will ich dich ansehen.

Danke für die Zeit mit dir,
Dankeschön für dich.
Ich liebe dich von ganzem Herzen,
denn du bist so wie ich.

Seit ich dich kenne, seit ich dich sah,
liebe ich dich und bin dir nah.
Tief hast du mein Herz berührt,
mit deiner Liebe mich verführt.
Das Leben ist so schön mit dir,
ich hoffe, dir geht's auch so mit mir.

Dass es dich gibt, ist ein Wunder,
dass es dich gibt, ist ein Glück.
Dich zu küssen, ist ein Traum,
ich genieße ihn Stück für Stück.

Mein Sonnenschein, mein lieber Schatz,
ich liebe dich so sehr.
Du bist alles, was ich will,
ich gebe dich nie mehr her.

Wenn ich dich sehe, wird mir warm im Bauch.
Berühre ich dich, dann kribbelt es auch.
Küsse ich dich, ist es wie im Traum,
unsere Liebe erfüllt den Raum.
Die Musik erklingt, die Engel singen,
ich will dich tragen, dich heben, dich einfach schwingen,
für immer mit dir glücklich sein,
und es laut in die Welt hinaus schreien,
mit dir auf Wolke Sieben schweben,
für mich kann es nichts Schöneres geben.

Zwei Herzen haben sich gefunden,
es passierte einfach so.
Sie waren immer schon verbunden,
darüber bin ich sehr froh.

Du bist wie die Blume, wenn sie erblüht,
wie ein Feuer, wenn es erglüht,

wie die Sonne, wenn sie aufgeht,
wie der Wind, wenn er sanft weht,

wie das Glitzern auf dem See,
wie eine wunderschöne Fee,

wie ein Vogel, wenn er singt,
wie die Glocke, die erklingt.

Du bringst Magie in meine Welt,
einen Zauber, der hoffentlich ewig hält.

Der Valentinstag ist der Tag der Liebe,
drum verbringe ich ihn mit dir.
Ich will dir ganz viel Liebe geben,
so viel, wie ich habe in mir.

Ich will dich umarmen, küssen, streicheln,
dich necken und liebkosen.
Ich lege dir die Welt zu Füßen
und schenke dir tausend Rosen.

Du duftest wie eine Rose,
du leuchtest wie ein Stern,
du klingst so lieblich wie ein Engel,
ich habe dich so gern.

Zum Valentinstag lade ich dich ein,
in ein Restaurant, ganz fein.

Dort verwöhne ich deinen Gaumen,
streichle zärtlich deinen Daumen.

Fahre dich danach nach Haus,
helfe dir aus der Jacke raus.

Massiere dir dann deinen Rücken,
erlöse dich von deinem Zwicken.

Trage dich ins Bett hinein,
will für immer bei dir sein.

Singe dir ein Lied zur Nacht,
knuddle dich dann mit Bedacht.

Ziehe dich rüber auf meinen Platz,
ich liebe dich so sehr mein Schatz.

Glückwünsche und Sprüche
zu Ostern

Der Osterhase, eins, zwei, drei,
bringt uns allen ein Osterei.
Dann hoppelt er ganz schnell von dannen
und versteckt sich hinter Tannen.

Das Osterfeuer leuchtet hell
wie Mondschein in der Nacht.
Der Osterhase freut sich sehr,
hat er alle bedacht.

Ostern ist eine freudige Zeit,
alle Kinder sind bereit,
für die Suche nach den Eiern
und, um hinterher zu feiern.

Kinder, Oma, Opa,
Mutter, Vater, Hund,
alle lieben Ostereier,
ob einfarbig, ob bunt.

Sie alle suchen fleißig,
im grünen, dichten Gras,
und haben sie was gefunden,
ist das ein Riesenspaß.

Hüpft der Hase durch den Garten,
müssen alle Kinder warten.

Sind die Eier gut versteckt,
werden die Köpfe ausgestreckt.

Die Suche geht durchs dichte Grün,
vorbei an Blumen, die erblühen.

Bis jeder was gefunden hat,
dann liegen sie im Gras - ganz platt.

Ostern ist ein schönes Fest,
die Kinder jubeln und lachen.
Viel Freude bei der Suche nach Süßigkeiten
und beim Osterfeuer entfachen!

Ostern feiern wir heute,
die jungen und die alten Leute.
Es geht raus ins Grüne,
dort ist die Osterbühne.

Ein kuscheliger Hase,
der hoppelt durch das Gras,
dabei verteilt er die Eier,
die das Huhn vergaß.

Die Eier leuchten gelb und grün,
in Rot und auch in Blau,
damit sie jeder finden kann,
ob Mann, ob Kind, ob Frau.

Der Osterhase freut sich sehr,
denn es ist Osterzeit,
schnell ruft er seine Frau herbei,
in ihrem schicken Kleid.

Sie nehmen einen vollen Korb,
mit bunten Ostereiern,
verstecken sie dann schön im Gras,
und wir können Ostern feiern.

Am Ostersonntag geht sie los,
die große Eiersuche.
Überall wird was entdeckt,
ob Gras, ob Busch, ob Buche.

Zu Ostern gibt's ein großes Fest,
in Städten und auf dem Land.
Zum Osterfeuer am Abend
feiern wir, Hand in Hand.

An Ostern wird gesammelt, was das Zeug hält.
Der, der am meisten findet, ist der größte Held.
Drum streng dich an und suche schnell
und guck auch mal ins Hasenfell.

Ein paar frohe Ostertage
wünschen wir von Herzen.
Esst nicht so viele Süßigkeiten
sonst gibt's bald Bauchschmerzen.

Zu Ostern sammelt bunte Eier
und entfacht das Osterfeuer.
Singt und tanzt und lacht dabei
und genießt ein Osterei.

Heut wünschen wir frohe Ostertage
und Sonnenschein, gar keine Frage.
Viele Eier sollt ihr finden
und euch schöne Kränze binden.

Glückwünsche und Sprüche zum Muttertag

Der Muttertag ist dein Tag Mama,
lass dich von mir beschenken.
Heute geht es nur um dich,
ich will der vielen Dinge gedenken,

die du für mich getan hast
und heute auch noch tust,
auch wenn du es schon lange
im Grunde nicht mehr musst.

Danke, dass du da bist,
bei Tag und auch bei Nacht.
Was haben wir geweint zusammen,
was haben wir gelacht.

Lass dich heute feiern
und lass dich auch mal küssen.
Ich liebe dich von ganzem Herzen
und möchte dich nie missen.

Du allerliebste Mutter,
hab vielen, vielen Dank,
für alle deine Taten,
auch wenn ich war mal krank.

Stets hast du dich gekümmert,
mit Wärme mich umhüllt.
Immer war ich mit Vertrauen
und mit Liebe ausgefüllt.

Ich danke dir von Herzen,
bin froh, dass es dich gibt.
Lass dich einmal umarmen,
fühl dich von mir geliebt.

Der Muttertag ist ein Tag für dich,
darum gratuliere ich.
Ich danke dir von ganzem Herzen
und schenke dir gar schöne Kerzen.
Sie sollen dir ein Lichtlein sein,
wenn ich mal nicht kann bei dir sein.

Liebes, kleines Muttilein,
ich danke dir ganz doll.
Ich will dir heute sagen:
Du machst deinen Job ganz toll!

Heute, liebe Mama,
ist dein großer Tag.
Da machen wir was Tolles
und nicht nur, was ich mag.

Wir gehen ein bisschen bummeln
und dann noch ins Café,
danach gehen wir spazieren,
bei Sonnenschein am See.

Du bist die liebste Mama auf der Welt.
Dich tausche ich nicht, auch nicht für Geld.
Die Zeit mit dir ist wunderschön,
so soll es immer weitergehen.

Heute möchte ich 'Danke' sagen
und auch mal deine Lasten tragen.
Lass den Abwasch, lass das Putzen,
heute bin ich dir von Nutzen.

Klar und rein soll alles sein
für mein liebstes Mamilein.
Heute machst du, was ich sag:
"Entspanne dich am Muttertag!"

Mein allerliebstes Mütterlein,
heut soll ein besonderer Tag für dich sein.
Ich möchte dich auf Händen tragen
und dir tausend Dinge sagen:
wie toll du bist, wie lieb ich dich hab,
und dass es nie eine Bessere gab.
Hab Dank für eine tolle Zeit
und mach dich für ein Küsschen bereit.

Heute da ist Muttertag,
da lassen wir hochleben,
dich allerliebste Mutter,
für uns kann's keine Bessere geben.

Ich gratuliere dir ganz herzlich
zu deinem Ehrentag.
Lass dich heut mal verwöhnen,
am schönen Muttertag.

Lass dir Blumen schenken.
Genieß die freie Zeit.
Leg die Füße einmal hoch,
Entspannung weit und breit.

Ruh dich einmal richtig aus.
Mach Kurzurlaub im Bett.
Das hast du dir wirklich verdient,
bist immer lieb und nett.

Liebe Mama, ich danke dir,
dass du stets an meiner Seite bist.
Bei allen Problemen hilfst du mir,
hast auch die guten Zeiten nicht gemisst.

Ich danke dir für jeden Tag
und jede volle Minute.
Alles Liebe zum Muttertag.
Du bist wirklich 'ne Gute.

Glückwünsche und Sprüche zum Vatertag

Ein supertoller Vater,
der bist du stets gewesen,
so konnten wir bei Rückschlägen
immer schnell genesen.

Hast stets an uns geglaubt,
immer hinter uns gestanden,
so konnten wir bei Höhenflügen
immer sicher landen.

Du hast uns geholfen
und hast uns geführt,
waren wir unsicher,
hast du es gespürt.

Jetzt sind wir erwachsen
und danken dir sehr.
Papa, wir lieben dich,
jeden Tag mehr.

Mein lieber Papa stoßen wir an,
auf einen wirklich tollen Mann.
Ich bin stolz, dass du mein Vater bist,
und möchte, dass du das nie vergisst.

Papa, du bist für uns der Größte,
der beste Vater auf der Welt.
Du warst für uns schon in Kindertagen
ein absoluter Superheld.

Zum Vatertag gratuliere ich dir
und trinke mit dir alkoholfreies Bier.
So bleiben wir beide klar im Kopf,
es drückt auch nicht der Hosenknopf.

Wir können radeln, Lieder singen,
hören wie die Wälder klingen.
Dann lade ich dich zum Grillen ein.
Vater, du könntest kein Besserer sein!

Vater, du bist unser Bester.
Drückst du mich, drücke ich dich fester.
Bleib für immer so ein Mann,
mit dem ich durch dick und dünn gehen kann.

Mein lieber Vater,
ich möchte dir danken,
dass du mir hilfst,
auch wenn wir mal zanken.
Du bist toll,
ein ganz feiner Mann,
drum feiere ich dich,
so doll, wie ich kann.

Bei Sonnenschein und blauem Himmel
stürzen wir uns ins Gewimmel.
Wir feiern heut deinen Ehrentag,
ich hoffe, du weißt, wie sehr ich dich mag.

Liebster Vater, geh mit uns,
ein wenig heut spazieren.
Wenn wir durch die Wälder ziehen,
wollen wir dir gratulieren.

Wir haben alles eingepackt,
das wird dir sehr gefallen,
Essen, Trinken, Kartenspiele,
genieß den Tag mit uns allen!

Du liebster Papa auf der Welt,
heut machen wir, was dir gefällt.
Mit dem Boot fahren wir aufs Meer,
das Wasser liebst du doch so sehr.
Wir gehen mit dir zum Sportverein,
da lassen sie dich gerne rein.
Wir kochen dir dein Lieblingsessen,
das kriegst du nicht oft, hast es fast schon vergessen.
Wir lassen Musik für dich erklingen,
da kannst du uns neue Lieder beibringen.
Wir erzählen dir deine Lieblingswitze.
Papa, du bist einfach spitze!

Ein schöner, sonniger Tag ist heut,
weil der Himmel sich mit uns Kindern freut,
dass wir deinen Tag mit dir feiern können,
Entspannung und Ruhe darfst du dir gönnen.

Wir kümmern uns um den ganzen Rest
und bereiten dir ein schönes Fest.
Genieß die Zeit in unserem Kreise,
bleib weiter so lieb und auch so weise.

Ein supertoller Mann,
der einfach alles kann,
der stets zu seinen Worten steht
und aufrecht durch das Leben geht,
der immer da ist,
wenn er muss,
und immer Zeit hat
für 'nen Kuss.
Papa so ein Mann bist du,
für uns der absolute Clou.

Glückwünsche und Sprüche zur Hochzeit

Heute werdet ihr getraut
und seid dann Frau und Mann.
So verliebt, wie ihr euch anschaut,
kommt keiner an euch ran.

Ihr werdet immer glücklich sein
und euch auf ewig lieben.
Da ihr so fest verbunden seid,
ist kein Wunsch übrig geblieben.

Macht weiter so, wie jedes Jahr,
und schreitet stets voran.
Ihr seid ein tolles Ehepaar,
wir stoßen auf euch an.

Ihr zwei habt euch gefunden,
das ist ein großes Glück.
Die Liebe soll stets größer werden,
jeden Tag ein Stück.

Zur Hochzeit gratulieren wir,
dem stolzen Ehepaar.
Wir stoßen auf euch an,
die ganze Gästeschar.

Alles Gute zur Hochzeit,
das wünschen wir euch beiden.
Liebe, Vertrauen und Sicherheit
sollen euch stets begleiten.

Das Wunder der Liebe wurde heut wahr,
ihr zwei seid jetzt ein Ehepaar.
Als Mann und Frau geht ihr durchs Leben.
Was soll es im Leben Schöneres geben?

Haltet eure Liebe warm,
nehmt euch täglich in den Arm.
Denkt stets auch daran, euch zu küssen,
dann werdet ihr nie was vermissen.

Die Hochzeit ist ein großer Tag,
der Start ins Eheleben.
Damit ihr dieses meistern werdet,
sei euch ein Rat heut mitgegeben.

Denkt immer dran, dass ihr euch liebt
und fest zusammen gehört.
Redet offen miteinander,
sagt gleich, wenn euch was stört.

Seid echte Lebenspartner,
nicht nur ein Ehepaar,
so wird eure gemeinsame Zeit
für immer wunderbar.

Die Hochzeit ist ein großes Fest,
das muss gefeiert werden.
Wir wünschen euch aus tiefstem Herzen
das größte Glück auf Erden.

Als ihr euch begegnet seid,
da hat es gleich gefunkt.
Mit Blicken, Worten, Taten
brachtet ihr es auf den Punkt,

dass die Liebe euch verbindet,
ihr euch nie mehr gehen lasst,
dass ihr zwei in jeder Hinsicht
perfekt zueinanderpasst.

Drum ist der heutige Tag
für uns ein großes Fest.
Wir wünschen euch von Herzen,
dass die Liebe euch nie verlässt.

Jetzt seid ihr endlich Mann und Frau,
wir haben drauf gewartet,
und schon lange überlegt,
wann ihr die Ehe startet.

Jetzt wo es so weit ist,
da können wir zelebrieren.
Wir wünschen euch von Herzen,
ihr mögt euch nie verlieren.

Schon lange seid ihr zwei zusammen,
habt viel gemeinsam erlebt.
Drum möchten wir euch bitten,
dass ihr euer Glas erhebt.

Trinkt auf die vergangene Zeit
und was kommen mag.
Lasst uns zusammen feiern,
diesen ganz besonderen Tag.

Eure Hochzeit zeigt uns allen,
dass Liebe immer siegt,
und man mit viel Vertrauen
den perfekten Partner kriegt.

Heute wird es endlich wahr,
ihr zwei werdet ein Ehepaar.
Frau und Mann könnt ihr euch nennen
und lernt ein neues Leben kennen.

Der Weg der Ehe ist wunderschön,
weil ihr ihn könnt gemeinsam gehen.
Drum stoßen wir heut darauf an,
dass ihr stets bleibt, im Liebesbann.

Glückwünsche und Sprüche zur Geburt

Du wunderbares Wesen
erblickst das Licht der Welt.
Ich wünsche dir von Herzen,
dass dich immer jemand hält.

Zur Geburt gratulieren wir ganz herzlich,
der Empfang war hoffentlich nicht schmerzlich.
Wenn doch, keine Sorge, der vergeht,
wenn ihr in die kindlichen Augen seht.

Heute kam ein kleiner Engel auf die Welt
und hat Liebe mitgebracht.
Die müsst ihr ihm bewahren,
beschützt ihn mit Bedacht.

Einen kleinen Erdenbürger
habt ihr heut empfangen.
Ich hab zum Himmel aufgeschaut
und gehört, wie die Engel sangen.

Wohl soll er sich bei euch fühlen
und stets ganz gut umsorgt.
Ich hab auch nichts dagegen,
wenn ihr ihn mir mal borgt.

Ein Wunder ist heute geschehen
und alle können es sehen.
Es hat Arme, es hat Beine,
und sieht aus wie du als Kleine.

Hüte diesen lieben Schatz,
gib ihm immer einen Schmatz.
Schenk ihm Liebe, schenk ihm Lachen,
und mach mit ihm tolle Sachen.

Juhu, heut ist ein großer Tag,
ein kleiner Knirps ist da.
Ich wusste gleich, dass ich ihn mag,
er ist so wunderbar.

Das Wunder der Geburt,
das hast du heut erlebt.
Ein kleiner Engel kam zu dir
vom Himmel her geschwebt.

Bewahre dir ewig den Moment
im Herzen immer zu,
damit du es niemals vergisst,
er ist ein kleines DU!

Heute bist du geboren,
wir freuen uns gar sehr.
Wir werden dich wohl behüten
und geben dich nie mehr her.

Jetzt seid ihr Eltern,
wir gratulieren,
und möchten mit euch
die Geburt zelebrieren.

Wir wünschen euch Glück
zu jeder Zeit,
Liebe, Geduld
und Heiterkeit.

Bewahrt euch Humor,
auch in schweren Zeiten,
dann wird euch der Nachwuchs
stets Freude bereiten.

Lasst die Korken knallen,
hört die Engel singen,
öffnet eure Herzen,
lasst Glückwünsche euch bringen.

Ein Baby ist jetzt euer,
ein kleines Du und Du.
Das soll euch Freude schenken
und Liebe immerzu.

Die Vögel zwitschern, die Sonne scheint,
und alle freuen sich.
Wir heißen dich herzlich willkommen
und werden lieben dich.

Die Familie hat Zuwachs bekommen,
die Mama ist noch ganz benommen.

Der Papa ist ganz aufgeregt.
Zum Glück ist keiner durchgedreht.

Alle sind sie voller Glück,
die Liebe ergreift sie, Stück für Stück.

Der Grund dafür bist du, kleiner Stern,
alle haben dich jetzt schon gern.

Dein Licht strahlt heller als ein Schatz.
Herzlich willkommen, du kleiner Spatz.

Glückwünsche und Sprüche
zum Geburtstag

Viel Glück und Sonnenschein
sollen immer bei dir sein.
Viel Geld für alle Waren
soll sich dir offenbaren.
Viel Vertrauen in das Leben
soll dich stets umgeben.
Viel Liebe soll dich umhüllen,
und all deine Träume sollen sich erfüllen.
Wir wünschen dir zum Ehrenfeste
von allem einfach nur das Beste!

Herzliche Grüße, Geburtstagskind,
senden wir dir aus der Ferne.
Wenn du heut Nacht in den Himmel schaust,
genieße das Leuchten der Sterne.
Wünsch dir was im Mondenschein,
lass deine Träume wahr werden.
Lass dich vom Zauber der Nacht berühren,
genieße den Himmel auf Erden.

Zu deinem Geburtstag, juchhe,
verwandle ich mich in eine Fee.
Ich erfülle dir deine Träume,
winde mich sanft durch grüne Bäume.
Zaubere dir das Glück ins Leben,
dann brauchst du nicht danach streben.
Schenke dir einen Sack voll Geld,
damit kommst du durch die Welt.
Und auch Liebe gebe ich dir,
Erfolg, den kriegst du auch von mir.
Wünschst du dir noch mehr?
Ich zaubere dir alles her,
weil ich dich unendlich mag,
also genieße deinen Tag.

Weil du heut Geburtstag hast,
brennen viele bunte Kerzen.
Puste sie mit einem Mal aus,
wünsche dir was aus dem Herzen.

Deine Wünsche werden wahr,
überleg sie daher gut.
Was ich dir wünsche, das ist Liebe,
Glück, Erfolg und ganz viel Mut.

Glück auf, Glück auf, du bist geboren.
Das feiern wir jedes Jahr.
Es ist der Tag, an dem wir sagen,
du bist so wunderbar.

Alles, was dich ausmacht,
das zelebrieren wir.
Bleib weiter wie du bist.
Wir gratulieren dir!

Wie Worte, die das Herz berühren,
wie Gesänge, die die Ohren verführen,
wie Blüten, die zur Pracht erwachen,
wie Glut, die Feuer neu entfachen,
so entzückend soll dein Leben sein.
Lass dich voll Freude darauf ein.

'Happy Birthday', singen wir
und wir gratulieren dir,
zu deinem Ehrentage,
das ist gar keine Frage.

Grüße, Glückwünsche, Geschenke,
und dass ich heut an dich denke,
bekommst du zum Ehrentag,
weil ich dich von Herzen mag.

Feier schön und lass dich loben,
du darfst dich ruhig auch austoben.
Singe, tanze, springe, lache,
auf dass das Glück in dir erwache.

Lass die Sonne für dich scheinen,
egal was andere dazu meinen.
Freu dich jeden Tag des Lebens,
denn nicht ein Tag ist vergebens.

Auf der Torte stehen die Worte:
'Happy Birthday liebes Kind'.
Auch die Kerzen brennen schon,
puste sie gar aus geschwind.

Lass den Kuchen dir dann schmecken
und genieße jedes Stück.
Zum Geburtstag wünsche ich dir
Gesundheit, Liebe und viel Glück.

Die Vögel zwitschern es von den Bäumen,
die Sonnenstrahlen flüstern es zu,
dass jemand heut Geburtstag hat,
und dieser jemand, der bist du.

Doch schau nicht auf dein Alter,
sieh nur auf den Moment.
Durch den Blick auf das Falsche
hat schon mancher das Jetzt verpennt.

Lass die Vergangenheit ruhen,
die Zukunft erst morgen beginnen.
Wenn du heute bist, was du sein willst,
kannst du morgen nur gewinnen.

Leb jeden Tag nach diesem Motto,
bleib dir selber immer treu.
Folge deinem Herzen,
entdecke Altes neu.

Für alle deine Wege
wünsche ich dir Glück.
Mach deine Träume wahr,
jeden Tag ein Stück.

Die Jahre vergehen so geschwind.
Schau in dein Herz, dort bist du noch Kind.

Das Alter zieht an dir vorbei,
doch tief in dir, da bist du frei.

Jeden Tag kannst du es spüren,
das Kind in dir erneut berühren.

Lebe mit ihm deinen Traum.
Gib seinen Wünschen wieder Raum.

Lass dich von ihm durchs Leben leiten,
Glück und Erfüllung werden dich begleiten.

Glück sei stets an deiner Seite,
Erfolg soll dich umgeben.
Freude sollst du immer haben,
jeden Tag im Leben.

Liebe mag dein Herz erfüllen,
Wärme deinen Bauch.
Brauchst du noch etwas Geld,
dann wünsche ich dir das auch.

Glückwünsche und Sprüche
zur Einschulung

Jetzt bist du schon ein großes Kind,
kommst in die Schule nun.
Findest neue Freunde dort
und hast etwas zu tun.

Bald schon kannst du lesen
und schreiben, so wie wir.
Drum schenken wir dir dein erstes Buch
und ganz viel Schreibpapier.

Die Zahlen wirst du auch schnell lernen,
zumindest die bis zehn.
Deswegen pass immer gut auf,
damit sie dir nicht entgehen.

Doch heut kannst du noch mal entspannen,
wild toben, feiern, spielen,
und mit einem gekonnten Blick
zur Zuckertüte schielen.

Rechnen, Schreiben, Lesen,
ABC und 1,2,3,
das lernst du in der Schule
und hast viel Spaß dabei.

Mein kleiner Liebling kommt zur Schule,
drum feiern wir ein Fest,
jedoch nicht so ein kleines,
sondern eines, das sich sehen lässt.

Oma, Opa, Tante, Onkel,
Schwester, Bruder, Kuscheltier,
alle sind gekommen heute,
und wir gratulieren dir.

Nun bist du schon groß
und die Schule geht los.
Mit Trommelwirbel und Paukenschlag
fängt er an, der erste Tag.
Viel Spaß und Freude sollen dich umgeben,
viel Neues und Tolles sollst du erleben.

Heute ist ein großer Tag
für dich, du kleine Maus.
Heute gehst du ganz allein
in die Welt der Schule hinaus.

Dort triffst du neue Freunde,
lernst vieles übers Leben.
Damit du dir alles merken kannst,
wollen wir dir etwas geben.

Ein paar Hefte für die Worte,
Farben und Pinsel zum Malen,
Turnhosen zum Toben
und Bücher mit Bildern und Zahlen.

Und Spielzeug für die freie Zeit,
ein Kuscheltier zum Schmusen,
damit du stets gesund bleibst,
gibt's auch noch Pampelmusen.

Viel Freude soll dich stets begleiten
in dieser neuen Zeit.
Wenn du einmal Hilfe brauchst,
stehen wir für dich bereit.

Schule, Schule – jetzt komm ich,
hörst du wie sie klingen?
Die vielen tollen Sachen,
die sie in der Schule bringen.

Klettern, Spielen, Basteleien,
Rechnen, Schreiben, Malen,
Kunst, Musik und Handarbeit,
Lesen, Wörter, Zahlen.

Viel Neues wirst du lernen
und neue Freunde haben.
Und heute gibt's zur Einschulung
eine Tüte voller Gaben.

Wir wünschen dir nur das Beste
zu deinem heutigen Feste,
und helfen dir gerne beim Tragen,
beantworten dir alle Fragen.

Die Schule wird eine tolle Zeit,
jetzt bist du groß und dafür bereit.
Lass dich voll und ganz darauf ein,
viel Freude soll immer bei dir sein.

Die Kindergartenzeit war schön,
doch nun ist sie vorbei.
Die Schule wartet jetzt auf dich
und mit ihr allerlei.

Schreiben, Lesen, Rechnen, Malen,
neue Wörter, viele Zahlen,
und auch Sport ist mit dabei,
genau wie Pausen, 1, 2, 3.

Viel Freude wünschen wir dir dort,
an dem für dich noch neuen Ort.
Lern mit Spaß und nicht mit Schrecken,
dann wirst du viel Schönes in der Schule entdecken.

1 und 2, die Kindergartenzeit ist nun vorbei.
3 und 4, darum gratulieren wir dir.
5 und 6, wir zaubern mit der lieben Hex',
7 und 8, dass für dich jeden Tag die Sonne lacht.
9 und 10, du sollst ja gerne in die Schule gehen.

In der Schule lernst du schreiben,
rechnen und auch lesen.
Bald schon hast du das Gefühl,
es sei nie anders gewesen.

Das ABC
und 1,2,3
lernst du am Anfang
ganz nebenbei.

Und mit deinen neuen Freunden
kannst du in den Pausen
toben, spielen, rumalbern
und über den Schulhof sausen.

Wir wünschen dir viel Spaß dabei,
beim Lernen und beim Lachen.
Genieß das Abenteuer,
du darfst auch Faxen machen.

Freu dich auf die Schule
und genieße diese Zeit.
Mit all den heutigen Gaben
bist du dafür bereit.

Glückwünsche und Sprüche zu Weihnachten

Winter, Schnee und Eiseskälte,
ja, so ist die Weihnachtszeit.
Die Kinderaugen sprechen Bände,
die Weihnachtsengel sind bereit.

Nun feiert schön mit euren Lieben
und singt auch mal ein Lied.
Genießt die Zeit zusammen,
und grüßt auch den, der euch sonst mied.

Der Weihnachtsmann und seine Engel
stehen tief im Schnee.
Sie singen dir ein Weihnachtslied
und trinken warmen Tee.

Der Schnee, der schmilzt, dein Herz wird warm,
nun bist du bereit.
Ich wünsche dir von Herzen
eine wunderschöne Weihnachtszeit.

Hurra, hurra, hurra,
die Weihnachtszeit ist da.
Der Weihnachtsmann mit seinem Schlitten
kommt auf dem Rentier angeritten.
Der Schnee schwebt leise auf die Erde,
auf dass für immer Frieden werde.
So wünsche ich euch ein paar tolle Tage
und grüße euch von Herzen, gar keine Frage.

Der runde, liebe Weihnachtsmann
klopft auch an deine Tür nun an.
Geschenke hat er mitgebracht.
Jetzt pack sie aus, und zwar ganz sacht.

Auch wenn ich heut nicht bei dir sein kann,
so sitzt mein Herz doch gleich nebenan.
Es singt mit dir schöne Weihnachtslieder
und flüstert: "Wir sehen uns bestimmt bald wieder".

Halt ein, halt ein in der Weihnachtszeit
und genieße die Atmosphäre.
Nimm sie mit allen Sinnen auf,
so als ob es das letzte Mal wäre.

Strahle alle Leute an
und schick ihnen Grüße im Herzen,
schnuppere den Duft vom Weihnachtsmarkt,
lache bei Witzen und Scherzen.

Zünde eine Kerze an
und singe Weihnachtslieder.
Steck dein ganzes Herzblut rein,
als würdest du singen nie wieder.

Tanze dich durch den Advent,
sieh, wie die Schneeflocken schweben,
öffne dein Herz so weit es geht
und fühle das ewige Leben.

Zur Weihnachtszeit da wünsch ich dir
das Beste nur von Herzen.
Genieß den Schnee und den Advent
und vergiss nicht, auch zu scherzen.

Ein Eisengel kam zur Wintersnacht
und klopfte an meine Tür.
Er legte eine Kette hin
und gab mir einen Hinweis dafür.

Da stand in goldener Schrift geschrieben,
die Kette sei für dich.
Drum reich ich sie an dich weiter,
sie soll dich erinnern an mich.

So pass gut auf das Schmuckstück auf,
trag es in voller Pracht.
Auf diese Weise weiß der Engel,
er hat uns Freude gebracht.

Schnee, Eis und Schlitten fahren,
das macht den Winter aus.
Drum feiere schöne Weihnachten
und geh auch einmal raus.

Grüße zu Weihnachten sende ich dir
und wünsche dir nur das Beste.
Genieß die kurze Weihnachtszeit
und feiere das Fest der Feste.

Wenn die Schneeflocken die Fenster bemalen,
dann denke ich an dich.
Lächelt der Schneemann mich an,
weiß ich, du denkst auch an mich.

Ich sende euch heute Weihnachtsgrüße,
da ich nicht bei euch sein kann.
Feiert schön und genießt die Zeit
und grüßt den Weihnachtsmann.

Glückwünsche und Sprüche
zum neuen Jahr

Zum neuen Jahr viel Glück und Freude
wünsche ich dir von Herzen.
Damit der Wunsch sich auch erfüllt,
zünd an die Wunderkerzen.
Sie machen deine Träume wahr
und leuchten in der Nacht.
Mit offenen Augen kannst du sie sehen,
die ganze Silvesterpracht.

Die Leute feiern,
die Musik ist laut,
überall sind Lichter
und Raketen aufgebaut.
Gleich schlägt die nullte Stunde,
das neue Jahr fängt an.
Es bringt uns neue Chancen,
darauf stoßen wir an.

Sonnenschein und Vogelzwitschern
begleiten dein neues Jahr.
Glaubst du dabei ganz fest an dich,
werden deine Träume wahr.

Heut ist die Silvesternacht,
da werden Wunder wahr.
Ich wünsche dir Erfolg und Liebe
und Glück fürs neue Jahr.

Der Himmel ist voller Raketen,
das Portemonnaie voller Moneten,
das Umfeld voll netter Leute,
es ist Silvester heute.

Drum feiern wir ein großes Fest,
genießen des alten Jahres Rest,
tanzen in das neue rein,
viel Glück soll bei euch allen sein.

Glück und Freude sollst du haben,
genug Geld für deine Gaben,
stets ein Lachen im Gesicht,
in der Dunkelheit ein Licht.

Liebe soll stets bei dir sein,
damit du dich nie fühlst allein.
Das neue Jahr soll Freude bringen
und stets einen Grund zum Liedersingen.

Silvester ist die Partynacht
und jeder, der dabei erwacht,
nimmt an einem Wunder teil,
die ganze Welt erscheint so heil.

Treib mit uns ins neue Jahr,
erinnere dich, wie das alte war.
Lass uns dann manches besser machen,
das Wunder jeden Tag entfachen.

Zum neuen Jahr, mein Schatz,
gebe ich dir einen großen Schmatz.
Noch mehr Küsse sollst du kriegen,
wenn wir wieder im Bettchen liegen.
Doch vorher möchte ich mit dir tanzen und lachen
und das Feuerwerk entfachen.
Der Himmel leuchtet Gelb, Rot, Blau -
eine tolle Neujahrsschau.

Das neue Jahr beginnt,
das alte Jahr zerrinnt,
die Korken knallen laut,
Raketen, wohin man schaut.
Lasst uns darauf das Glas erheben,
es soll stets Freude und Glück für uns geben.

Wenn die Kirchenglocken läuten
und das neue Jahr beginnt,
wenn der Himmel bunt erleuchtet,
wünsch ich dir viel Glück geschwind.

Wenn der Himmel bunt ertönt
und der Mund vom Sekt verwöhnt,

wenn der Countdown ist gezählt
und ein Kusspartner gewählt,

dann ist die Nacht zum neuen Jahr,
es beginnt so wunderbar.

Damit es auch so bleiben kann,
denk jeden Tag im Jahr daran.

Silvester ist die Nacht des Jahres,
in der das neue Jahr beginnt.
Lass alte Sorgen einfach sausen,
nur wer wagt, der auch gewinnt.

Geh mutig deine Schritte,
freu dich auf den Neubeginn,
wenn du dich dann mal umdrehst,
erkennst du, alles hatte Sinn.